AF248164

VIVE

LA RÉPUBLIQUE

RÉPONSE A

VIVE LE ROI

DE MGR DE SÉGUR

PAR D. SAULIEU

PARIS

E. DENTU, LIBRAIRE-ÉDITEUR

PALAIS-ROYAL, 17 ET 19, GALERIE D'ORLÉANS

—

1871

VIVE LA RÉPUBLIQUE

RÉPONSE A

VIVE LE ROI

TROIS MOTS SUR LA POLITIQUE

« *La politique* est la direction du mouvement social, dans l'ordre temporel; c'est la direction des idées, des aspirations, des forces vives de la nation.

» La politique d'un gouvernement est bonne et sage, lorsque le gouvernement dirige, selon la *vérité* et la *justice*, les idées, les aspirations, les forces vives de la nation. Au contraire, sa politique est fausse et mauvaise, lorsque la direction imprimée au pays n'est pas selon la *vérité* et *la justice, ou plus simplement encore, selon la volonté de Dieu, qui est le souverain Maître du monde et qui veut que tout dans le monde tourne au vrai bien et salut de ses enfants.* »

Si je comprends bien, voilà la base politique de ce que Mgr de Ségur et son parti appellent le gouvernement de droit divin ou légitime. La suite de son opuscule est le développement de ce principe, et sa justification.

Je vais essayer, avec la plus grande sincérité et d'après l'idée que je me suis faite de la *vérité* et de la *justice politique,* d'analyser les propositions de Mgr de Ségur.

En supprimant les passages que j'ai soulignés, je trouve dans cet exposé la base fondamentale de la bonne politique telle que je l'ai moi-même conçue et que je transcris ici :

La politique est la direction du mouvement social dans l'ordre temporel; c'est la direction des idées, des aspirations, des forces vives d'une nation.

La politique d'un gouvernement est bonne et sage, lorsque ce gouvernement dirige selon les idées, les aspirations, les forces vives de la nation. Au contraire, sa politique est fausse et mauvaise, lorsque la direction imprimée au pays n'est pas conforme à ses idées, à ses aspirations, à ses forces vives.

Appelé à formuler une profession de foi politique, je n'eusse pu le faire d'une façon plus conforme à mes pensées, à ma conviction.

Maintenant, ce qui me paraît moins bien défini par Mgr de Ségur, ce sont les deux mots de « vérité et de justice » qu'il a joints à ceux d'idées, d'aspirations et de forces vives de la nation.

Comment ces deux mots ainsi placés doivent-ils être interprétés?

Si dans l'ordre temporel et au point de vue politique ces deux mots : *vérité et justice,* consistent à bien diriger les idées, les aspirations, les forces vives de la nation, je suis complétement d'accord avec Mgr de Ségur. Mais, par ces deux mots, s'il entend l'idée que nous nous faisons de la vérité et de la justice divine ainsi que nous l'enseignent notre morale, notre foi, notre croyance, notre religion, alors je ne comprends plus.

En effet, il est possible que les idées, les aspirations d'une nation, par suite de principes faux si l'on veut, ne soient pas conformes à la *vérité,* à la *justice,* comme l'entend le christianisme, le catholicisme ou toute autre religion.

Or, de deux choses l'une.

Ou le gouvernement légitime dirigera le mouvement social conformément aux idées, aux aspirations, aux forces vives de la nation, ou bien il le dirigera comme le veut Mgr de Ségur, « *selon la volonté de* DIEU, *qui est le souverain maître du monde et qui veut que tout dans le monde tourne au vrai bien et au salut de ses enfants.* »

Dans le premier cas, le gouvernement sera en contradiction avec l'Église, et dans le second cas il sera en contradiction avec la nation et, comme le dit Mgr de Ségur lui-même, sa politique sera « fausse et mauvaise, car, au point de vue politique, il ne dirigera pas selon la *vérité et la justice.* »

Ici je poserai une question à Mgr de Ségur.

Est-il donc indispensable que, Henri V, par exemple, pour être roi légitime, dirige le mouvement social, absolument d'après la *vérité et la justice catholiques* et avec le concours de l'Église, alors même que la nation ou la majorité de la nation aurait des idées autres ?

Autre question. Henri V, comprenant la vérité et la justice que nous propose l'Église, et étant appelé à régner sur la France par droit légitime et de succession, et voulant surtout faire de bonne politique, comment doit-il agir ?

D'après Mgr de Ségur, il doit d'abord diriger le mouvement social selon les idées, les aspirations et les forces vives de la nation.

D'après les idées bien connues de la France, *il doit protéger toutes les institutions religieuses proportionnellement au nombre des citoyens qui professent telle ou telle communion.*

Henri V, d'après ses déclarations, trouve la « vérité, la justice » dans la doctrine catholique, et croit que ses principes sont les meilleurs pour le bonheur de *son peuple,* et les plus propres à rendre la paix, la tranquillité, la prospérité à notre chère patrie.

Comme homme, comme citoyen, Henri V a parfaitement le droit et même le devoir de faire valoir les raisons pour lesquelles il leur donne la préférence, mais il ne saurait, sans injustice, sans arbitraire, vouloir les imposer à la nation, malgré sa volonté.

Si les idées, les aspirations de la majorité de la nation française sont contraires aux principes de l'Église catholique, c'est à elle, par la propagation de ses idées, de sa foi, de ses exemples surtout, à gagner les idées, les aspirations, de la majorité de la nation.

Alors, le devoir du gouvernement, quel qu'il soit, sera de diriger le mouvement social conformément à ces idées, à ces aspirations modifiées.

Pour parvenir à ce résultat, qui me paraît le seul juste, est-ce donc un grand mal que l'Église soit séparée de l'État, en lui accordant toute protection et liberté en rapport avec les idées, les aspirations de la nation?

Il me semble que, pour l'Église même, pour son apos-
tolat, ce serait un bien.

I

Dans ce chapitre, Mgr de Ségur trouve que la France
s'aperçoit qu'elle a été trompée par les idéologues du
dernier siècle, et que, après cinq ou six essais plus mi-
sérables les uns que les autres, elle tourne enfin ses
regards vers le principc monarchique, représenté par
Henri V.

Je ne sais si la France pense ainsi, mais je doute
qu'elle ait été réellement consultée à ce sujet.

II

Dans ce chapitre, Monseigneur établit comment et
en quel sens Henri V est, de droit, le légitime souverain
de la France ; il explique que Henri V ne tient pas son
droit de la nation, mais de Dieu.

La nation française ne reconnaît plus son roi légitime, parce que les incrédules et les francs-maçons du
dernier siècle sont parvenus à lui faire oublier ce qu'elle
devait à son Dieu et à son roi. Ainsi les incrédules et
les francs-maçons ont triomphé du roi, de l'Église et de
Dieu.

Il ajoute que Henri V ne s'impose pas, mais se propose.

A tout cela, je répondrai :

Je crois que, en ce moment, tous les partis, ou à peu près tous les partis, rendent justice à Henri V, qui a franchement déclaré à la France qu'il consent à la gouverner, si elle veut accepter ses idées, ses aspirations religieuses et politiques, mais qu'il ne consent pas à se soumettre aux idées, aux aspirations de la majorité du peuple français.

Je crois que, même sans s'en rendre bien compte, les idées, les aspirations de la France sont réellement, foncièrement chrétiennes, et elle cherche un gouvernement qui la dirige dans ce sens, qui n'en abuse pas.

Si la France se donne un roi, Henri V est peut-être l'homme qui lui convient le mieux, puisqu'on le dit bon, juste, loyal. Chose assez rare.

Ces qualités, dit-on, il les doit à ses sentiments chrétiens, catholiques.

Eh bien ! ces sentiments, il devait les faire servir aux intérêts de la France, mais il ne devait pas en faire une condition, les imposer en quelque sorte.

Il faut montrer ses actions avant que de parler des principes qui font agir. On connaît l'arbre à ses fruits.

Henri V a agi en honnête homme, mais il a été trompé, ou il s'est trompé sur les véritables idées, les véritables aspirations de la France.

La France, encore une fois, veut la réalisation la plus rapprochée des préceptes divins ; elle veut rendre à César ce qui est à César et à Dieu ce qui est à Dieu ; elle veut bien recevoir de l'Église l'enseignement moral de ces préceptes, la vérité qui peut la conduire au bien, mais elle ne veut pas que l'Église s'occupe de politique dans l'ordre temporel pour diriger le mouvement social.

A tort ou à raison, la France croit qu'elle a été trompée par l'Église et par les rois légitimes qui l'ont si longtemps gouvernée ; elle croit que l'Église, tout en conservant ce qui appartient à Dieu, veut toujours prendre ce qui appartient à César.

C'est donc à l'Église, par ses actes, à prouver à la

France qu'elle se trompe et à gagner à elle les idées, les aspirations de la nation.

III

Dans ce chapitre, Mgr de Ségur cherche à prouver que « le droit divin » « est le droit de Dieu. Que Dieu, souverain maître de toutes choses, a le droit de diriger les sociétés et les peuples. »

Voilà, Monseigneur, ce qui jette la confusion dans l'esprit de ceux qui n'étaient pas éloignés du gouvernement que l'on appelle légitime, parce qu'on croit que Dieu ne saurait être ici en cause.

Vous nous dites encore que le « droit divin » s'établit par « la naissance, par le droit de succession, par une élection régulière. » Que la « couronne est un droit de propriété. Que le droit de commander et de régner est une propriété que nul n'a le droit de ravir. Que violer cette propriété royale, c'est voler, et que le vol est interdit par les lois divines et humaines ».

J'avoue très-humblement que la confusion s'augmente dans mon esprit.

Je vois que *la naissance, le droit de succession, une élection régulière sont des signes de « droit divin. »*

Parmi les prétendants qui aspirent au trône de France, quels sont ceux qui sont revêtus d'un ou plusieurs de ces signes ?

Henri V a celui de naissance et celui de succession ; donc il est légitime ;

Napoléon III est revêtu d'un triple signe d'élection régulière, donc il est légitime ;

Napoléon IV a celui de naissance, de succession et, par le dernier plébiscite de son père, celui d'élection ; donc il est légitime.

Le « droit divin, » Monseigneur, est vraiment embarrassant pour la France.

IV

Dans ce chapitre, Mgr de Ségur explique comment on peut reconnaître avec certitude sur qui repose le « droit divin » : ·

« 1° Au moyen des événements et des circonstances qui manifestent les vues de la Providence sur tel ou tel prince ;

« 2° Par l'examen approfondi des principes qui sont ou *qui seront* la base du gouvernement de ce prince ;

« 3° Enfin, par les fruits de salut et de véritable bonheur qui résulteront des principes de son gouvernement. »

Lorsque ces *trois* conditions, ajoute Monseigneur, sont réunies sur la tête d'un souverain, on peut affirmer, sans crainte de se tromper, que ce souverain est le dépositaire des droits de Dieu pour le bien du pays qu'il gouverne ou gouvernera. « Et si, *par-dessus le marché,* la sainte Église prend en main ses droits, le protégeant de ses sympathies et de sa divine autorité, le doute ne semble plus permis. »

Si, pour reconnaître avec certitude, sur qui repose le « droit divin », je suis obligé d'étudier les événements et les circonstances qui manifestent les vues de la Providence ; si je dois apprécier les fruits de salut et de véritable bonheur qui résultent *ou résulteront* des principes de son gouvernement qui *n'est pas encore,* je me déclare impuissant.

Je crains bien, Monseigneur, que la majorité de la nation pense comme moi.

Vous ajoutez, il est vrai, que, pour les chrétiens, le doute n'est plus permis si, *par-dessus le marché,* la sainte Église prend en mains ses droits (les droits du prince), le protégeant de ses sympathies et de sa divine autorité.

Votre proposition revient vraiment à celle-ci :

Il est à peu près impossible, à l'immense majorité de la nation, de reconnaître, avec certitude, sur qui repose « le droit divin, » mais qu'elle s'en rapporte à l'Église !

Que ne le disiez-vous tout de suite, Monseigneur ?

V

L'embarras s'augmente.

Dans le précédent chapitre, nous avions compris l'impossibilité pour nous de reconnaître, avec certitude, sur qui repose le « droit divin. » Dans celui-ci, Mgr de Ségur explique lui-même « comment et pourquoi, depuis le commencement de notre siècle, il a été souvent très-difficile de déterminer de quel côté se trouvait le « droit divin. »

« Avant 1789, la loi fondamentale du royaume était claire, relativement aux droits de succession au trône : les principes sur lesquels s'appuyait la monarchie étaient tellement conformes *à la foi catholique* et au droit des gens, que, pendant de longs siècles, pas une difficulté, pas un doute sérieux n'ont pu s'élever à cet égard. »

« En outre, la France étant essentiellement catholique, l'autorité suprême de l'Église et du Saint-Siége était toujours là pour décider, etc. »

Ensuite, Monseigneur reconnaît que « depuis un siècle, tous les principes religieux, politiques et sociaux ont été si profondément ébranlés dans notre pauvre France, qu'à l'ancienne lumière ont succédé de tels brouillards, qu'on *n'y voyait pour ainsi dire plus à dix pas devant soi*, que la foi politique ne se trouvait plus que dans un petit nombre d'esprit très-fermes et de cœurs très-élevés. »

« En 1801, Pie VII, voyant les affreuses ruines religieuses de la France, et *se rappelant peut-être les fautes
que les Bourbons avaient commises ou laissé commettre
contre la sainte Église*, put croire un instant que
Napoléon était suscité de Dieu pour commencer une
dynastie nouvelle ; il crut pouvoir le sacrer. »

Chacun sait comment Napoléon a agi à l'égard du
vicaire de Jésus-Christ. *L'Église s'était trompée.* Napoléon n'avait eu que l'apparence du signe de « droit
divin. »

En 1830, Louis-Philippe, porté au pouvoir par la
Révolution, par un prétendu droit exclusivement populaire, ne pouvait être reconnu par l'Église ; donc, il
n'avait pas le caractère de « droit divin. »

En 1852, beaucoup de gens de bien, effrayés des me-
naces de l'anarchie, ont cru trouver, dans un nouveau
régime impérial, des éléments très-sérieux de salut pour
la France, espérèrent en Napoléon III, et oublièrent ce
qui devait inspirer des craintes. La cause d'Henri V, si
claire en théorie, lui semblait impossible dans la pra-
tique.

Et puis la France, régicide, n'avait pas suffisamment
expié son crime de 93.

Aujourd'hui, à force de souffrances, nous en sommes
venus à entendre la grande voix de la Providence qui a
ses moments marqués, et semble nous dire : « Vous
vous êtes trompés ! Je vous ai réservé, dans ma miséri-
corde, un Souverain selon mon cœur ; un Souverain qui,
régnant d'après mes lois et se glorifiant d'être *avant
tout mon serviteur,* vous tirera de l'abîme des révolutions, et fera fleurir, sur la terre de France, la paix véritable et le véritable bonheur. »

Il résulte de ce qui précède que, dans tous les temps,
la majorité de la nation est impuissante à reconnaître
le signe certain du « droit divin » réservé au seul pouvoir de l'Église infaillible : voilà pourquoi l'Église n'hé-
site pas à reconnaître Henri V comme roi légitime.

Pourtant, Monseigneur, si nous n'avions pas encore
assez souffert, ou si encore une fois l'Église allait se
tromper, comme pour Napoléon ?

VI

Pourquoi la France ne parvient-elle pas à se constituer en République ? demande Mgr de Ségur. Et il répond :

« Eh! mon Dieu! par une raison fort simple : une femme blonde a beau se teindre les cheveux en noir, ou même en rouge, elle n'en demeure pas moins, en réalité, une femme blonde. Pour un temps, elle semble brune; pour un temps, elle semble rousse; mais, bon gré, mal gré, les cheveux repoussent toujours blonds. »

Je vous avoue, Monseigneur, que je ne fréquente pas les femmes qui se teignent, et que je ne saurais comprendre la comparaison.

Mais vous ajoutez :

« La France est monarchique dans sa constitution même; elle a le sang monarchique, comme elle a le sang catholique et militaire. C'est un fait dont l'évidence est attestée par l'histoire et, au besoin, par les efforts impuissants que cette pauvre France fait, depuis un siècle, pour changer son tempérament. »

Vous dites encore : « Pourquoi notre belle et bonne France est-elle essentiellement monarchique, essentiellement militaire? Ah! c'est que Dieu, qui l'a élue entre toutes les autres nations de la terre pour être le bras droit de son Vicaire ici-bas, l'a formée, façonnée à l'image et ressemblance de son Église. La France est née catholique; elle ne peut cesser de l'être sans cesser d'être la France; elle est née monarchique et a été baptisée comme telle par saint Remi, en la personne de Clovis, son premier Roi; la France est née militaire et guerrière : Clovis était soldat; Charlemagne, Philippe-Auguste, saint Louis, Henri IV, Louis XIV, tous nos grands souverains ont été soldats. »

Voilà, d'après nous, Monseigneur, les causes pour

lesquelles la France ne parvient pas à se constituer en République. Voulez-vous me permettre de n'être pas de votre avis et de vous dire pourquoi?

Je ne nie pas que la France ait été catholique, monarchique et guerrière, sous Clovis, Charlemagne, Philippe-Auguste, Henri IV et Louis XIV. Mais pourquoi la France a-t-elle cessé d'être catholique, monarchique et guerrière? Je me trompe, vous dites qu'elle n'a pas cessé d'être tout cela. Alors, pourquoi a-t-elle cherché d'être autre chose? Pourquoi a-t-elle eu d'autres idées, d'autres aspirations?

Probablement parce qu'elle n'était pas satisfaite de ses gouvernements qui, quoique de « droit divin, » vous le reconnaissez, ont commis de grandes fautes; qui s'occupaient beaucoup plus d'eux-mêmes, de leurs intérêts, de leurs plaisirs, de leurs caprices, de leurs passions, que des intérêts de la France, de ses idées, de ses aspirations, que du peuple, enfin, qui forme la grande majorité, qui produit, qui souffre, qui a à peine le nécessaire et fournit à ceux qui ne produisent rien, qui consomment beaucoup et s'estiment supérieurs à tous.

Est-il extraordinaire, Monseigneur, que le peuple, le travailleur, le producteur, soient et aient été mécontents de cet état de choses?

Est-il étonnant que des hommes de cœur, de véritables chrétiens aient compris que les agissements de ce que vous avez appelé le gouvernement de « droit divin, » soutenu par l'Église, n'étaient pas conformes aux enseignements du Christ? Est-il étonnant que le peuple, naturellement, par aspiration, l'ait compris et se soit révolté?

Vous nous le rappelez, Louis XIV disait : « l'État, c'est moi. » Dans sa pensée, le peuple, sa vie, son travail, ses productions, tout lui appartenait, tout devait servir à ses idées, à ses aspirations, j'ajouterai à ses passions personnelles, et il n'entendait pas du tout gouverner, diriger suivant les idées, les aspirations, les forces vives de la nation.

L'Église soutenait ce Gouvernement comme étant le Gouvernement de « droit divin » contre le peuple qui a cru l'Église contre ses intérêts, et a confondu dans sa haine le trône et l'autel ; et, aujourd'hui encore, il ne les sépare pas.

Le peuple se figure, d'après l'idée généralement répandue, que le Christ est venu surtout pour réhabiliter le travail aux yeux de l'humanité ; pour prêcher en faveur de ceux qui sont faibles, qui souffrent ; pour flageller ceux qui les provoquent par de mauvais exemples et qui n'ont d'autre mérite que leur naissance, le favoritisme. Voilà pourquoi le Christ a voulu naître pauvre, voilà pourquoi il a voulu vivre du travail de ses mains, et voilà pourquoi le peuple, qui le personnifie, a cru que le Gouvernement « du droit divin » ne remplissait pas sa mission, et il en a désiré un autre.

Le peuple a compris qu'il avait autant de droit au produit de son travail que celui qui ne travaille pas, dépense beaucoup et le considère avec mépris, comme une machine à production.

Il a compris que son travail devait être estimé de manière à le faire vivre matériellement et moralement ; à lui assurer les secours dans les maladies, les infirmités, et qu'enfin, après avoir travaillé pendant trente ans et plus pour la Patrie, lui avoir donné son temps et ses forces, il ait droit, comme son défenseur, à une retraite honorable, quand il aura honorablement vécu.

Le peuple croit que le Gouvernement de la République, étant le Gouvernement de tous par tous, est le plus propre à réaliser ces améliorations.

Voilà pourquoi le peuple désire la République, mais voilà pourquoi aussi tous ceux qui étaient protégés par le régime de « droit divin » et de l'Église en recevant la richesse et les honneurs sans travail, sans fatigue, souvent sans mérite, sont absolument contre elle. De là, guerre entre tous les partis monarchiques et le peuple ou la République, de là les révoltes.

Chaque parti qui voulait s'emparer du pouvoir promettait au peuple, à la nation, *de diriger le mouvement social selon les idées, les aspirations, les forces vives de la nation*, mais en réalité c'était pour remplacer les autres à leur profit personnel.

Aussitôt la République proclamée, tous les pouvoirs déchus, tous les ambitieux se liguaient contre elle, commettaient ou faisaient commettre en son nom tous les excès de désordre inspirés par la haine et la vengeance.

De bonne foi, Monseigneur, est-ce à la République que nous devons nous en prendre ou bien aux méchants de tous les partis qui la déchirent, pour ainsi dire, avant qu'elle ait eu le temps de naître, de respirer ?

Voilà pourquoi la France ne parvient pas à se constituer en République.

Nous comprenons très-bien que sous la République comme sous la monarchie le Gouvernement peut être bon ou mauvais, plus ou moins conforme *à la vérité, à la justice;* mais en République on peut modifier le Gouvernement sans secousse, sans révolte, par la volonté de tous les citoyens, au moyen du suffrage, lorsqu'il ne gouverne pas, ne *dirige pas selon les idées, les aspirations de la nation.*Tandis qu'en monarchie « de droit divin, » la nation peut n'être rien, et le Roi, tout.

Je crois, Monseigneur, que la France est restée chrétienne dans ses idées, ses aspirations. Elle désire le bonheur pour elle et le désire pour les autres, pour tous les autres peuples. Elle n'est peut-être plus autant guerrière, parce qu'elle croit que la guerre est un fléau, et qu'avec le progrès, si les hommes devenaient justes et bons, les guerres devraient cesser.

Elle reconnaît qu'elle doit être forte pour se défendre, mais non pour attaquer. *Un tempérament guerrier* est un mauvais tempérament; il est révolutionnaire, c'est le tempérament de Caïn.

Je trouve étrange, Monseigneur, que vous félicitiez la France d'être guerrière, d'être le bras droit de l'Église qui, elle aussi, dites-vous, est *militante.*

Nous, Monseigneur, nous pensons qu'un chrétien qui cherche la vérité et la justice, qui désire le bonheur de tous, qui voudrait tarir, je ne dis pas les discordes, mais *les révoltes,* et qui, pour y parvenir, est prêt à faire abnégation de sa personnalité, nous pensons, dis-je, qu'il peut être *Républicain.*

Les méchants ont fait certainement beaucoup de mal au nom de la République ! Mais que de mal n'a-t-on pas fait au nom de la Monarchie ? Que de mal ne fait-on pas au nom de Dieu ?

VII

Dans ce chapitre, Mgr de Ségur fait une différence entre une révolution et une révolte.

Vous avez raison, monseigneur, nous la faisons aussi. La révolution est partout dans la nature; elle est dans les astres, dans les éléments, dans les plantes, dans les animaux comme dans les sociétés des hommes.

La révolution dans les sociétés des hommes, c'est ce mouvement social dont vous parlez, ce changement *d'idées, d'aspirations* qu'il s'agit pour un bon gouvernement de bien *diriger*.

La révolution ainsi entendue est un bien.

Une révolte est un soulèvement contre l'autorité établie, contre *les idées, les aspirations d'une nation*.

La révolte est un mal.

Mgr de Ségur dit : « la Révolution de 1789 est une grande *révolte,* un immense blasphème, une théorie abominable, une négation impudente du droit de Dieu sur les sociétés et du droit qu'il a donné à son Église d'enseigner et de diriger les rois et les peuples dans la voie du salut.

» C'est une doctrine nouvelle née des révoltes protestantes, de l'incrédulité voltairienne et des conspirations de la franc-maçonnerie. Elle déclare que l'Église de Dieu n'a aucun droit d'enseigner ni de diriger les sociétés, d'inspirer les lois, de s'interposer entre les souverains et les peuples, pour empêcher l'injustice et maintenir les droits de la vérité. D'après la doctrine révolutionnaire, les souverains et leurs gouvernements relèvent, non plus de Dieu, mais du peuple; Dieu n'est plus le maître suprême de la nation : c'est le peuple qui seul est son propre maître. De là les noms de « peuple souverain » et de « souveraineté du peuple. » De là encore la fameuse théorie du suffrage universel, où le peuple-roi, trompé, conduit par le bout du nez par le premier venu, vote sans savoir ce qu'il veut, sans comprendre ce qu'il fait, sans connaître les élus pour qui on le fait voter. »

Je ne cherche pas à justifier la Révolution de 1792, qui est depuis si longtemps un sujet de discorde et d'irritation; je me bornerai à faire quelques réflexions nécessaires pour examiner quelles garanties nous offre le gouvernement futur de Henri V contre les révoltes.

La révolution comme nous l'avons définie peut être un bien ; la révolte, avons-nous dit, est un mal.

Où est le mal dans une révolte, dans un soulèvement contre l'autorité? Dans la cause. Or, la cause provient : de l'autorité établie ou de ses ennemis.

L'autorité est coupable quand elle ne gouverne pas, *ne dirige pas selon les idées, les aspirations, les forces vives de la nation.*

Les ennemis de l'autorité sont coupables quand ils renversent ou cherchent à renverser l'autorité établie contre la volonté de la nation.

Henri V, dites-vous, Monseigneur, gouvernera selon *les idées, les aspirations de la nation.* Quelles garanties nous offre-t-il? Et s'il gouverne contrairement *à ces idées, à ces aspirations?* Et si, malgré les réclamations, il persiste, comment la nation fera-t-elle? Comment s'affranchira-t-elle de son joug? Par une révolte! A qui la faute, alors?

Les bons, comme toujours, laisseront faire. Ce sont les très-convaincus, en très-petit nombre, peut-être, et le très-grand nombre des méchants de tous les partis qui la feront et commettront des injustices, des excès, des atrocités même.

Encore une fois, à qui en reviendrait la faute? Au gouvernement de Henri V, qui serait ainsi l'ennemi du peuple, de la nation, de Dieu!

Au contraire, la nation étant gouvernée par des mandataires librement élus par elle, ayant un mandat limité, si ces mandataires ne gouvernaient pas conformément à ses idées, à ses aspirations, elle patienterait jusqu'à l'expiration de leur mandat, et les remplacerait sans trouble, sans secousse. Si, dans ces conditions, il se pro-

2

duisait'une révolte, ce serait la faute des ennemis de l'autorité établie, du droit de la nation, de Dieu.

Henri V ne veut pas que le peuple ait de mandataires pour que, en son nom, ils aident, ils éclairent, ils appuient, ils soutiennent et contrôlent le Gouvernement. L'Église ne le veut pas non plus, parce que seule ou à peu près, elle veut être chargée de cette mission. Voilà pourquoi le peuple ne veut pas d'Henri V.

N'est-il donc pas possible, Monseigneur, de n'être pas pour Henri V et n'être pas un révolté; de n'être pas pour lui et d'être avec Dieu ?

Dieu est-il toujours avec les rois, et le démon toujours avec les peuples ? Pourquoi cette parole : « *Vox populi, vox Dei ?* »

Vous critiquez amèrement le suffrage universel, Monseigneur, il me semble pourtant qu'il est très-difficile de le supprimer sans provoquer des révoltes permanentes ! Voilà pourquoi un grand nombre d'hommes de cœur, d'hommes d'ordre comprennent qu'il doit rester, qu'il faut travailler à le modifier en ce qu'il a de vicieux, à le perfectionner parce qu'il est la base fondamentale de tout gouvernement qui veut sincèrement *diriger le mouvement social selon les idées, les aspirations. les forces vives de la nation.*

Le suffrage ne joue-t-il pas un grand rôle dans l'Église, Monseigneur, dans les communautés religieuses ? et pourquoi ne le jouerait-il pas dans une nation ?

Vous dites que la Révolution déclare que « l'Église de Dieu n'a aucun droit d'enseigner, ni de diriger, ni d'inspirer les lois, de chercher à maintenir les droits de la vérité. » Il n'est pas un homme tant soit peu politique qui pense ainsi. Il reconnaît ce droit-là à l'Église catholique, comme à toutes les Églises, comme à tous les citoyens, d'user de son influence morale pour inspirer les lois, la bonne direction aux affaires publiques, en rendant à Dieu ce qui est à Dieu, et à César ce qui appartient à César, c'est-à-dire, à la nation.

VIII

D'après Mgr de Ségur, « l'antique monarchie qu'il s'agit de restaurer en France avec Henri V, diffère essentiellement de tous les pouvoirs qui nous ont gouvernés depuis 89.

« Les gouvernements, gouvernements de fait, qui se sont succédé depuis cette époque sont révolutionnaires.

» Le premier Empire était la Révolution militaire; le gouvernement de Juillet, la Révolution parlementaire bourgeoise; les trois Républiques, la Révolution démocratique; le second Empire, la Révolution diplomatique et soi-disant pacifique. »

Ici, Monseigneur parle de trois Républiques. C'est donc qu'il reconnaît que nous sommes en République. Eh bien! pourquoi veut-il absolument nous donner Henri V? N'est-ce pas une Révolution que vous conseillez, Monseigneur? Comment la nommerons-nous? la Révolution catholique...

Et si vous réussissiez, et qu'ensuite Dieu abandonnât encore une fois le « droit divin, » quelle sera la prochaine Révolution, et comment s'appellera-t-elle?

Pauvre France!!

IX

Dans ce chapitre, Mgr de Ségur nous assure que Henri V ne nous apportera pas le despotisme et la tyrannie « que l'on attribue généralement au Gouvernement du droit divin. » Il nous apprend que la « monarchie française, telle que l'avaient constituée et l'Église et les siècles, était garantie contre ses propres faiblesses, autant que peut l'être ici-bas une institution humaine. »

D'après cette constitution incomparable, le roi avait d'abord pour premier conseiller et pour ainsi dire, pour lumière et conscience, l'Église, et, au besoin, le Pape. Quelle puissante garantie contre les écarts de l'orgueil et du despotisme !

« Ensuite le roi était entouré des sommités de la France, des plus puissants et des plus riches seigneurs du pays, qui, après l'ordre du clergé, formaient le second ordre de la nation. Les seigneurs, par leur puissance même, tempéraient ce que l'autorité royale pouvait avoir de trop puissant, garantissaient ainsi le peuple contre les abus de pouvoirs toujours possibles, par cela seul qu'un roi est un homme; et en même temps ils couvraient le roi contre les révoltes également possibles de ses sujets.

» Enfin, le peuple proprement dit, fortement organisé au moyen de nombreuses institutions municipales et ouvrières, jouissait de libertés très-étendues et très-réelles, protégées par l'Église, et aussi vieilles que la France elle-même. »

« Quand tous les ordres se réunissaient, c'était ce qu'on appelait les *Assemblées des Notables, ou les états-généraux* du royaume. Malheureusement pour la France et pour la monarchie elle-même, ces grandes assises nationales furent supprimées de fait à partir de Richelieu. »

Henri V, dites-vous, Monseigneur, nous donnera tout cela. Il ne nous l'a pas promis. Et puis, comment formera-t-il ces trois ordres ? par son choix toujours, comme cela se pratiquait, comme Napoléon III choisissait ses maires, ses préfets, ses sénateurs, etc. Nous connaissons ce système-là, Monseigneur, nous l'avons subi pendant vingt ans et nous en subissons encore les résultats. Vous nous dites que l'Église surveillera, contrôlera le roi et le peuple? J'entends bien, mais qui surveillera, qui contrôlera l'Église? Vous laissez croire que l'Église ne peut pas se tromper. Mais, ne venez-vous pas de nous dire que, malheureusement pour la France, les trois ordres ont été supprimés de fait à partir de Richelieu. Eh bien! si Henri V fait comme Richelieu? l'Église fera-t-elle mieux qu'alors? Il est permis d'en douter.

Décidément nous préférons le gouvernement qui nous permettra de faire un peu nos affaires nous-mêmes. Si nous nous trompons encore quelquefois, tant mieux, nous nous réformerons. C'est ainsi qu'on acquiert de l'expérience.

Nous comprenons certainement la nécessité d'une pondération, mais nous la trouvons dans une bonne organisation municipale, une bonne organisation dé-partementale, un Corps législatif, et pour tout cela, nous ne refusons pas le concours de tout homme de cœur, à quelque classe qu'il appartienne, mais nous croyons bien que toutes les nominations doivent être soumises au suffrage de la nation.

Encore une fois, Monseigneur, nous reconnaissons volontiers que, relativement au suffrage universel, nous sommes encore à l'état d'enfance; jusqu'ici nous avons peut-être obéi plus à notre imagination qu'à notre raison, mais nous apprendrons, croyez-le, si les partis qui divisent la France veulent bien la laisser un peu à elle même.

Dans l'institution du suffrage universel, on s'est oc-cupé jusqu'à présent, seulement de l'électeur et pas assez du candidat.

Dans une société bien organisée, où l'on exige des examens, pour confier un diplôme à l'instituteur, au pharmacien, au médecin, au notaire, à l'avocat, aux officiers, etc., il n'est pas naturel de ne rien exiger, ou presque rien pour le mandat de député, le plus sérieux que l'on puisse confier à un homme, à un citoyen.

Nous arriverons à cela, Monseigneur. Nos écoles préparatoires sont instituées : le conseiller municipal apprendra à connaître les besoins de la Commune, et se préparera au mandat de conseiller général; là, il ap-prendra à connaître les besoins de l'arrondissement, et il se préparera au mandat de député.

Vous le voyez, Monseigneur, nous ne sommes pas

ennemis des dignités; nous aurons aussi des titres à accorder, seulement ils ne seront pas donnés à la faveur, mais au mérite; ils auront pour contrôle, le suffrage, et ils seront délivrés au nom de la nation et au nom de Dieu.

X

Dans ce chapitre, Mgr de Ségur veut prouver que « la monarchie chrétienne, représentée par Henri V, n'a rien de commun avec les abus de *l'ancien régime*. »

Ici, Monseigneur, vous avouez les abus de « l'ancien régime, » et vous nous dites qu'il faut distinguer entre « l'ancien régime » et « le régime très-ancien » ou, pour parler plus clairement, « le régime très-chrétien. »

Puis, vous ajoutez : « A l'époque de la Révolution française une modification fatale s'était opérée insensiblement dans le régime intérieur de la France. Le cardinal de Richelieu, craignant, sans doute, d'être gêné par les États généraux dans les plans de sa politique, parvint à les empêcher de se réunir sous le règne de Louis XIII, ou plutôt pendant tout son règne à lui-même. »

Ensuite, vous faites l'énumération des abus de « l'ancien régime », et je crois être généreux en ne les copiant pas en entier. Vous ajoutez, il est vrai, que « la Révolution a fait cent fois, cent mille fois plus. » « Qu'est-ce, en effet, dites-vous, que ces abus, en comparaison de cette abominable tyrannie, de ces scènes hideuses, de ces meurtres, de ces échafauds sanglants, de ces ruines de tout genre, et, par-dessus tout, de cet épouvantable régicide, de ces forfaits sans nom qui seront à jamais le stigmate de la Révolution? »

Nous n'avons rien à dire à cela, car il est bien entendu, n'est-ce pas, Monseigneur, que vous parlez des révoltes, puisque nous sommes convenus ensemble qu'il y a une immense différence entre une révolte et une révolution.

Vous dites encore, Monseigneur, que Henri V, ou plutôt son gouvernement, n'aura rien des « abus de l'ancien régime. »

Henri V est donc réellement un être à part? il doit donc vivre éternellement? Il peut donc répondre de ses successeurs?

En vérité, je ne pourrais, pour vous répondre, que me répéter une troisième fois.

XI

Dans ce chapitre, Mgr de Ségur nous assure que « le règne d'Henri V ne sera pas le règne d'une caste privilégiée, le règne de la noblesse et de la cour. »

Mais, alors, que restera-t-il du « régime très-ancien, très-chrétien? » Le clergé...

Je trouve ici, transcrite par Monseigneur, une petite profession de foi de notre roi Henri V :

« Je me suis constamment efforcé de prouver par mes paroles comme par ma conduite, que si la Providence m'appelle à régner un jour, je ne serai pas le roi d'une seule classe, mais le roi, ou plutôt le père de tous, etc.

» J'ai toujours cru également qu'il faut que toutes les classes de la nation s'unissent pour travailler de concert au salut commun, y contribuant les uns par leur expérience des affaires, les autres par l'utile influence qu'ils doivent à leur position sociale. Il faut que toutes soient engagées dans cette lutte du bien contre le mal; que toutes y apportent le concours de leur zèle et leur active coopération; que toutes y prennent leur part de responsabilité, afin d'aider loyalement, efficacement, le pouvoir à fonder un gouvernement qui ait tous les moyens de remplir sa haute mission, et qui soit durable. »

Voilà certainement ce que nous demandons, ce que nous voulons, Monseigneur, mais voilà aussi ce que tous les gouvernements monarchiques qui se sont succédé nous ont promis depuis 93, et ce qu'aucun ne nous a donné.

Si la République ne peut nous le donner, nous n'aurons de reproche à faire à personne, nous n'aurons qu'à nous en prendre à nous-mêmes; il vaut mieux se tromper soi-même, que d'être trompé. Au moins, quand on est de bonne foi, on acquiert de l'expérience, et encore une fois c'est beaucoup.

XII

Dans ce chapitre, Mgr de Ségur nous annonce la vraie liberté que la France attend de son roi.

Je vois bien ici, qu'Henri V, lui-même, à qui, Monseigneur donne la parole, nous promet « *l'autorité royale et la liberté*, pour nous préserver de ces *cruels retours*, de ces fatales alternatives *d'anarchies* et de *despotisme, licence*, et de *servitude révolutionnaires :* les orgies sanglantes de 93, les massacres et les proscriptions de la Terreur, les barricades de juillet, les assassinats des princes et des rois, les horreurs des journées de juin, et, par-dessus tout, le règne sanglant et ignoble de la Commune de 1871, avec la guerre civile, le pillage organisé et l'incendie de Paris : Voilà, dites-vous, les fruits de cette licence qui a osé s'appeler la liberté. »

Mgr de Ségur ajoute : « Henri V nous enseignera la *liberté, la bonne liberté,* du *bien* et *du vrai.* »

Ne croyez pas, Monseigneur, que la France veuille la licence ; elle aime la liberté, et c'est parce qu'elle aime la liberté que tous les partis qui ambitionnent le pouvoir la lui promettent. Henri V, aujourd'hui, nous la promet comme les autres gouvernements nous l'ont promise, sans nous dire ce qu'il entend par liberté· et comment il veut la garantir. Il en est de la liberté comme des amis dont parle La Fontaine : rien n'est si commun que le nom, rien n'est si rare que la chose.

Pourtant, Monseigneur, il faut bien que ceux qui nous promettent la liberté sachent comment nous la comprenons. Je vais essayer de vous l'expliquer en quelques mots.

De même que le libre arbitre est le corollaire de l'indépendance des éléments intellectuels et moraux de notre âme à l'égard de Dieu et de la destinée, de même la *liberté* est le corollaire de la dépendance des éléments physiques et matériels de notre corps, à l'égard des éléments physiques et matériels hors de nous qui y correspondent, y compris les éléments sociaux.

Il est donc impossible à l'homme de se faire une idée vraie de *la liberté*, sans se rendre un compte exact de la *dépendance* qui y correspond.

De même que la *dépendance* matérielle nous donne l'idée de la liberté matérielle, que la *dépendance* morale nous donne l'idée de la *liberté* morale ; la *dépendance* sociale nous donne l'idée de la *liberté* sociale. C'est de cette dernière dont il est question en politique.

Pour bien étudier la liberté sociale, il faudrait remonter aux causes qui ont amené les hommes à contracter le pacte social ; il faudrait rechercher la raison des lois, comment elles ont été établies, comment elles ont été modifiées, comment elles se soutiennent; il faudrait étudier les rapports qui existent ou devraient exister entre les gouvernants et les gouvernés ; mais, pour le sujet qui nous occupe il nous suffit de savoir ceci :

Notre société française est régie par des lois auxquelles nous devons nous soumettre, quand même il y en aurait parmi elles qui n'auraient pas reçu notre adhésion ; quand même elles ne seraient pas conformes à notre nature, à notre jugement; par la raison que celles que nous approuvons, qui ont obtenu notre suffrage, peuvent êtres combattues par nos semblables qui, à leur tour, doivent se soumettre à celles-là, comme nous nous soumettons aux autres, puisque toutes sont, ou *devraient être l'expression de la volonté* du plus grand nombre.

Les lois forment ainsi le véritable contrat de l'association générale entre les citoyens; c'est le seul niveau possible d'égalité pour tous. Ce sont elles qui constituent le droit de chacun, l'assurance de chacun contre tous et de tous contre chacun.

Donc, c'est notre dépendance à l'égard des lois, qui règle notre *liberté*.

La vérité apparaît ici, comme une lumière divine. Il est bien certain que, pour que chacun se soumette volontairement aux lois, il faut que chacun prenne part à leur constitution, à leur amélioration, et dans une certaine mesure, par le jury, à leur application.

Pour parvenir à ce but, Monseigneur, pour faire l'application de cette vérité, de cette justice qui doit guider le gouvernement dans la direction qu'il doit donner *au mouvement social, selon les idées, les aspirations, les forces vives de la nation,* il faut que la nation soit consultée; il faut un suffrage, le plus universel possible, je ne dis pas parfait, mais perfectible, en rapport avec la perfectibilité des hommes. C'est ici le vrai rôle de l'Église, le rôle qu'elle a rempli jadis, mais alors, elle ne faisait pas de politique et ses ministres étaient *pauvres.*

Ce suffrage, Henri V ne veut pas nous le donner, il le déclare contraire au « droit divin »; donc, la France ne peut pas vouloir d'Henri V.

XIII — XIV

Au chapitre XIII, Mgr de Ségur nous dit qu'Henri V ne veut pas rétablir « la dîme et les droits féodaux ».

Je vous crois sur parole, Monseigneur, Henri V est trop intelligent pour cela. Et puis, le système actuel, dont les rois ont abusé, comme vous le dites fort bien, en même temps qu'il est meilleur pour la nation, il peut *être plus profitable pour un roi ambitieux et même spéculateur.*

L'augmentation des impôts pour la majeure partie, y compris l'augmentation de toutes choses, tient à un ordre d'idées autres que celles qui nous occupent, et que j'aborderais volontiers avec vous, Monseigneur.

Au chapitre XIV, Mgr de Ségur nous promet que Henri V ne nous forcera pas d'aller à la messe et à confesse.

Nous vous croyons encore, car nous voulons aujourd'hui, plus que jamais, la liberté de conscience, et il paraît impossible qu'un gouvernement songe à autre chose qu'à promettre d'assurer à chacun le libre exercice de sa foi, quand il ne peut nuire à la liberté d'autrui.

Quand il s'agit de lois sociales, la minorité doit se soumettre à la majorité que ces lois représentent, mais lorsqu'il s'agit de *lois morales,* de la conscience, il ne saurait y avoir un droit de majorité, ce doit être le respect, la soumission de tous, envers la foi de chacun, et de chacun envers celle de tous.

Comme pour la question politique, on peut certainement discuter ses principes, faire valoir les raisons pour lesquelles on leur donne la préférence, mais on ne saurait, sans injustice, vouloir les imposer aux autres.

La conscience est le lien mystérieux qui unit l'homme aux mystérieuses harmonies de la nature; on peut enchaîner son corps, le torturer, le vaincre peut-être par la douleur, mais sa conscience, sa foi, non; elle restera libre comme son âme que Dieu a créée !

XV — XVI

Dans ces deux chapitres, Mgr de Ségur explique pourquoi « tous les hommes d'ordre doivent saluer avec bonheur le retour d'Henri V, et comment, chez un très-grand nombre de gens de bien, appartenant aux anciens partis politiques, le retour de la monarchie légitime n'est que la réalisation de ce qu'ils ont vainement cherché jusqu'ici. »

A part quelques considérations que nous avons déjà réfutées, Mgr de Ségur fait valoir des raisons, des appréciations de sentiment, d'opinion, de préférence contre lesquelles il n'y a rien à dire pour nous. Nous respectons l'opinion, les sentiments, les préférences des autres, comme nous voudrions qu'on respectât toujours les nôtres.

Pourtant, monseigneur, je crois être un homme d'ordre, je n'aime pas les révoltes. Nous sommes en République, vous l'avez reconnu, c'est notre Gouvernement actuel; il sera ce que nous le ferons, bon, si nous sommes bons, mauvais si nous le sommes. Eh bien ! je souffre de voir des hommes d'ordre aussi, et de plus, de « *droit divin,* » des *représentants de Dieu,* chercher à faire un soulèvement, un coup d'État, une révolte, au moment où notre chère patrie a tant besoin de paix, de repos pour cicatriser ses blessures encore saignantes !

XVII

« Pourquoi les ovvriers et les paysans sont tout spécialement intéressés au rétablissement de la monarchie légitime ? »

Dans chaque chapitre, par conséquent pour la dix-septième fois, vous dites que « c'est parce que la monarchie légitime est seule capable de rétablir tout le bon ordre et la paix; parce que les révolutions sont nées de l'oubli des principes sur lesquels repose la vraie monarchie, enlèvent aux pauvres travailleurs le nécessaire, le pain de chaque jour. »

Vous dites qu'avec nos « belles révolutions modernes, nous passons notre temps à renverser aujourd'hui ce que nous avions bâti hier, etc., etc. »

Une dernière fois, si vous le voulez, Monseigneur, n'oublions pas que les révoltes, ou du moins les causes des révoltes proviennent presque toujours de ce que les gouvernements ne dirigent pas *le mouvement social selon les idées, les aspirations, les forces vives de la nation*.

Vous dites « qu'alors il n'y a plus de sécurité dans les esprits, plus de stabilité dans les affaires, que le travail est interrompu, et que cette situation retire seulement aux riches du superflu, mais à l'ouvrier, au pauvre travailleur, lui retire le nécessaire, et le réduit à la misère lui, sa femme, ses enfants, et que la misère est mauvaise conseillère. »

Nous sommes d'accord, Monseigneur, seulement vous attribuez tout le mal aux gouvernements qui se sont succédé depuis 1789, et je vous accorde qu'ils n'étaient pas parfaits, mais, moi, j'en fais remonter la cause aux gouvernements antérieurs qui alors étaient « de droit divin » et qui ont provoqué la première révolte par leur incurie, leur amour effréné des jouissances, des richesses et de la tyrannie. Cela, vous l'avez reconnu, Monseigneur.

L'homme vertueux, cherchant le bonheur dans le travail, dans la production, aurait travaillé, produit beaucoup, consommé peu. Il n'eût pas songé à l'avenir, ni même au lendemain, ç'aurait été pour lui et pour tous l'abondance, la richesse, la paix, rien que la paix parmi les hommes. Chacun trouvant le bonheur en soi ne pouvait nuire au bonheur d'autrui.

L'homme déchu, corrompu, au lieu d'élever son âme vers les jouissances morales, supérieures ; au lieu de trouver de la satisfaction dans le travail, dans la production, tourne ses regards vers la terre ; il oublie sa dignité d'homme ; il cherche le bonheur dans les jouissances sensuelles, dans la consommation ; il applique ses facultés morales à agrandir ses besoins, à s'en créer de nouveaux et à chercher les moyens de les satisfaire.

Éprouvant une très-grande répugnance pour le travail, il cherche, au moyen de la domination de certaines institutions, à faire travailler les uns pour les autres, les petits pour les grands, les faibles pour les forts.

De là, cette immense déconsidération pour le travail qui rapporte en dignité et en rémunération, en raison inverse de son utilité. De là, cet état de guerre perpétuel, ces sujets infinis de discorde, d'envie, de jalousie, de haine, de vengeance entre celui qui produit, qui n'a rien, qui veut avoir, qui veut jouir, et celui qui possède, qui veut conserver, qui veut consommer sans produire jamais.

Telles sont, Monseigneur, les causes qui troublent les familles, les cités, l'État, et constituent les plus sérieux obstacles au bonheur des citoyens.

Nous n'approuvons pas les classes laborieuses de vouloir gagner davantage pour moins travailler, et augmenter leurs besoins, pour se procurer de plus grandes jouissances matérielles, sous prétexte que les riches le font, et par instinct d'imitation, parce que nous croyons que le bonheur auquel l'homme aspire sans cesse, est indépendant de l'esprit, de l'intelligence, des richesses, des honneurs, parce que nous croyons que Dieu a dû mettre le bonheur à la portée de tous les hommes de bonne volonté.

Mais, ce mal qui résulte des aspirations des classes laborieuses vers le bien-être matériel, ne le devons-nous pas à l'exemple de ces classes qu'il est convenu d'appeler supérieures, à leurs vices, à leurs désordres, à leurs turpitudes de toutes sortes?

Tous les vices que nous rencontrons parmi les classes laborieuses, ne les voyons-nous pas dans toutes les classes de la société?

Quels sont les hommes les plus coupables? examinez votre classe, et répondez franchement.

Quoi qu'il en soit, le travailleur, aujourd'hui, qu'il soit de la ville ou des champs, comprend que sa position doit être améliorée, qu'elle doit être en rapport avec la somme de travail qu'il donne à la société, et que, pour récompense de ses efforts, il ne soit pas exposé à la misère et à toutes ses conséquences.

Quoi que l'on fasse, la question sociale s'impose, non-seulement en France, mais en Europe. C'est comme un souffle de Dieu qui passe sur les sociétés modernes. La France, comme toujours, est chargée de la propager. Ces idées que l'on appelle de progrès, la France autrefois les propageait par les armes, mais aujourd'hui, elle a mission de le faire par la pensée, par les relations de concorde, d'amour et de paix.

Vous nous dites, Monseigneur, que Henri V s'occupera des classes ouvrières, mais je n'ai rien vu de lui, qui pût nous faire supposer qu'il chercherait à résoudre ce terrible problème.

Au reste, Monseigneur, nous pensons qu'il n'y peut rien, et que seuls les intéressés y peuvent le mieux travailler. Voilà pourquoi la République est le gouvernement qui peut le mieux convenir.

XVIII — XIX — XX

Dans le chapitre XVIII, Mgr de Ségur demande « si cela vaut la peine de rappeler Henri V, puisqu'il n'a pas d'enfant? » *La République en a.*

Dans le chapitre XIX, Mgr de Ségur dit « que la cause de Henri V n'est pas populaire, parce que les calomnies de la Révolution ont fini par produire leur effet; puis, parce que quantité *de gens de bien* sont des *pleutres.....*

Merci de la qualification, Monseigneur.

Dans le chapitre XX, Mgr de Ségur explique comment Henri V vient de faire lui-même, à deux reprises, appel au bon sens et à la bonne foi de la France.

Il n'y a dans ces trois chapitres, rien qui nous intéresse.

CONCLUSION.

Ma foi, Monseigneur, ici je laisse aux lecteurs, aux gens de bien, et surtout aux *pleutres,* le soin de conclure.

FIN.

Paris. Imp. Balitout, Questroy et C*, 7, rue Baillif, et rue de Valois, 18.